**BATALLA
DE LAS**

**DRO
GAS**

LUCAS LEYS   GABI MORALES

LA BATALLA DE LAS

DRO GAS

¿QUÉ HACER?
¿CÓMO AYUDAR?

Vida ®

La misión de Editorial Vida es ser la compañía líder en satisfacer las necesidades de las personas con recursos cuyo contenido glorifique al Señor Jesucristo y promueva principios bíblicos.

LA BATALLA DE LAS DROGAS
Edición en español publicada por
Editorial Vida - 2013
Miami, Florida

Edición: *Maria Gallardo*
Diseño de interior: *CREATOR studio.net*

ISBN: 978-0-8297-6533-5

CATEGORÍA: Ministerio Cristiano/Juventud
          Christian Ministry/Youth

IMPRESO EN ESTADOS UNIDOS DE AMÉRICA
PRINTED IN THE UNITED STATES OF AMERICA

13 14 15 16 17 RRD 6 5 4 3 2 1

Estamos ante una publicación extraordinaria. Padres e hijos, jóvenes en general, y hasta políticos y gobernantes que quieran tener una idea clara sobre estos temas deben leer esta obra tan sobresaliente. La recomiendo de todo corazón.

Noemí Mottesi
Directora de *Salvemos la Familia*, Santa Ana, California

Muchas veces queremos que alguien salga de la esclavitud de las drogas como por arte de magia. Pero en la mayoría de los casos esto requiere dar pasos firmes y concretos. Este libro ofrece, de una forma gráfica, con ejemplos y estadísticas reales, las pautas necesarias para cualquier persona que desee salir de esa esclavitud. Y muestra que Dios es el ancla central del camino hacia la libertad. Un libro excelente.

Edgar Lira
Pastor y líder de *La Banda de Edgar Lira*

Los autores abordan este tema de una manera realista, honesta, sencilla y bien documentada. Logran articular en las páginas del libro un diálogo sincero con los jóvenes, proporcionándoles una fuente de reflexión que los motive y los ayude a romper sus cadenas. Libertad para sus vidas es la propuesta fundamental de este libro, en una época en que las cadenas del vicio envuelven sutilmente las vidas de miles de jóvenes. ¡Libertad!

Patricia Adrianzén de Vergara
Reconocida escritora peruana

¡Lee este libro! Los autores nos inhabilitan para usar el «no sabía» como excusa, nos llenan de información valiosa, y nos equipan, de un modo sencillo, claro y yendo al grano, para dar pasos hacia la libertad. Pero más que conocimiento, lo que sobresale en este escrito es el amor por esta generación. Por eso, te recomiendo que no compres un ejemplar de este libro... ¡compra varios para regalarles a tus amigos!

Emmanuel Espinosa
Líder de la banda *Rojo*, y autor de reconocidas canciones que canta la nueva generación

CONTENIDO

Prólogo

La batalla de las drogas es un libro importantísimo. La mayoría de los jóvenes de hoy en día, incluso los que se dicen cristianos, van a probar las drogas antes de los diecinueve años. Yo espero que este libro sea leído por millones. En un mundo donde las estrellas de rock, las celebridades del cine, y los ricos y famosos se ríen de sus experimentaciones con las drogas, alguien tiene que gritar la verdad y denunciar sus espantosas mentiras. En este libro vas a encontrar respuestas honestas a este problema que causa tanta confusión y dolor.

Dr. Jim Burns
Presidente de HomeWord

Una nota personal de los autores

Este libro trata un tema candente con el que en algún momento te vas a tener que enfrentar. Está escrito para jóvenes que luchan con este desafío, o para aquellos que tienen amigos u otros seres queridos que se están enfrentando a él. Ya sea que estés o no en el equipo de los considerados «cristianos», aquí vas a encontrar muchos datos de investigación y numerosas preguntas que te van a hacer pensar. Ambos autores creemos que la ignorancia no es buena consejera, y que esta generación no se conforma con que alguien le diga que algo es malo sin ofrecer una explicación coherente y honesta al respecto. Hemos escrito este texto porque estamos convencidos de que nos encontramos ante una generación de jóvenes inteligentes, sedientos de explicaciones que sean lógicas y sin tabúes ni prejuicios.

En este librito también vas a encontrar ideas para superar estos desafíos. Ya sea que se trate de una lucha en tu propia vida, o en la de tus amigos o seres queridos, queremos animarte y ofrecerte herramientas para que puedas apretar los dientes, tomar una posición decidida y salir adelante. He visto a muchos jóvenes sobreponerse a situaciones como la tuya, y por eso escribo con la esperanza y la convicción de que no estás solo. La vida que vale la pena vivir nunca ha sido fácil, ni es una aventura para cobardes. Por eso, no quiero prometerte que será sencillo salir o ayudar a salir a otros. ¡Pero es increíblemente posible! Y está claro que ha llegado el día de decir ¡Basta!, y que con audacia y una ayuda sobrenatural del cielo se puede vencer hasta el desafío más grande que nos toque enfrentar.

Lucas

Ante un tema como este...

Para el que sufra de impaciencia, calma. Para la que desee respuestas inmediatas, comprensión. Para el que piense que tiene la solución, apertura. Para el familiar, o para aquellos que busquen nuevas alternativas de ayuda ante esta problemática, ánimo. Para el joven o la jovencita que viven esta lucha día a día, esperanza. Para todos ellos, tener en cuenta que las drogas son una plataforma llena de interrogantes, descubrimientos y procesos que hay que estar dispuestos a descifrar diariamente. Mientras más temprano nos eduquemos sobre el tema, más fácil será dominarlo en todo el sentido de la palabra. No me cabe la menor duda de que cada paso ejecutado para vencer escenarios como la adicción es positivo, pero el pensar que hay un solo camino posible para salir, o que «el camino que le dio resultado a un conocido, es el correcto» puede ser muy peligroso. También el intentar imponer nuestra propia cosmovisión sobre la vida del que vive luchando con alguna adicción a las drogas nos convierte en parte del problema.

Luego de los años de servicio que llevo junto a esta comunidad, hay dos aseveraciones que me atrevo a hacer. Primera: Cada situación es singular y única. Segunda: No hay mejor tratamiento que la voluntad de la misma persona inclinada a favor de su propia recuperación. Dicho de otro modo, en este tema no existen dos casos similares, y nadie salva a nadie. Con esto en mente ya tenemos una parte importante del trayecto recorrido. Superar la adicción a drogas psicoactivas, a sustancias o a polisustancias depende de múltiples factores, entre ellos la actitud de la persona y cuán firme se sostenga al momento de tomar decisiones. Por eso es que yo insisto en fomentar el criterio propio en la juventud, ya que los motivos, impulsos, razones, justificaciones, ofertas y pretextos para usar drogas siempre van a existir. Entre los más de siete billones de personas que respiran en el mundo, siempre habrá alguien que tendrá ganas de consumir algo, y esto posiblemente se convertirá en su adicción. Solo algunos ejemplos pueden ser: alcohol, marihuana, pastillas, heroína, cocaína, Facebook, Twitter, shopping, comida, sexo, trabajo, poder... entre muchos otros. Por eso, a aquel que se sienta tentado a probar alguna droga siempre le recuerdo que existen otros sabores en la vida que pueden provocar impresiones parecidas sin exponer de ese modo la salud. Frente al listado antes mencionado, lo mejor que podemos hacer es reconocer con honestidad nuestros factores de riesgo, y prepararnos para resistirlos. Todos vivimos rodeados de riesgos y tentaciones. Examínate, ocúpate del tema, y triunfarás. ¡Te felicito por darte esta nueva oportunidad al leer este libro! Los cambios positivos que hagas en ti se convertirán en cambios positivos a favor de la humanidad. Por todo esto, deseo reafirmar dos verdades importantes que iluminarán tu camino mientras avanzas: 1) No andas solo; y 2) Dios va contigo, ya que eres parte de su proyecto de vida.

Paz y fuerza,

Gabi

TEMA CANDENTE:
LAS DROGAS

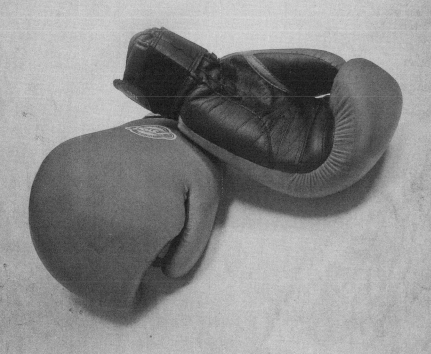

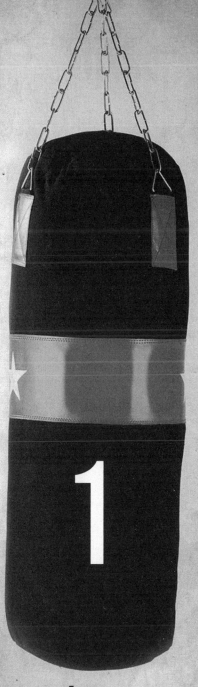

EL PORQUÉ DE LAS DROGAS

¿Por qué tantos jóvenes se drogan? No existe una única súper respuesta, pero sí hay determinadas circunstancias que se repiten siempre que alguien se involucra con las drogas. El propósito de este libro es analizar estas cuestiones para que tú puedas conocerlas y comprenderlas, ya sea que debas tomar una decisión personal con respecto a esas famosas sustancias, o que tengas algún ser querido luchando con este desafío.

Los autores de este libro llevamos años trabajando con jóvenes. Los hemos visto consumir drogas, y conversamos con varios de ellos mientras eran adictos... También tuvimos el privilegio de ver salir a varios de este problema. Al preguntarles a los jóvenes ¿por qué?, estas fueron sus respuestas: por presión de los amigos, por probar algo nuevo, por curiosidad, por temor, para estar en onda, por rebeldía hacia los padres y por diversión. Si te fijas, todas

> **NO EXISTE UNA ÚNICA SÚPER RESPUESTA, PERO SÍ HAY DETERMINADAS CIRCUNSTANCIAS QUE SE REPITEN SIEMPRE QUE ALGUIEN SE INVOLUCRA CON LAS DROGAS.**

ellas son razones lógicas para cualquier adolescente... ¿Qué joven no quiere ser aceptado por los amigos, independizarse de los padres, o divertirse?

Sin embargo, un adolescente de dieciocho años llamado Enrique nos dio una pista de que podía haber respuestas más profundas que las primeras que le venían a la mente al resto de los chicos. Este jovencito, bien educado y de grandes ojos verdes, nos dijo que se había metido en las drogas por autocastigo.

Enrique fue muy sincero... «En casa me hacían sentir mal, en la escuela me hacían sentir mal, y fuera a donde fuera yo tenía la sensación de que era un desperdicio para todos. Empecé a convencerme de que yo tenía la culpa y de que no tenía arreglo. Mis compañeros se reían de mí, y cuando me fijaba en alguna chica, para ella era como si yo no existiera. Cierto día, un compañero que estaba como yo me ofreció marihuana, y empecé a fumar con él.

¿QUÉ JOVEN NO QUIERE SER ACEPTADO POR LOS AMIGOS, INDEPENDIZARSE DE SUS PADRES O DIVERTIRSE?

Cuando teníamos marihuana, nos escapábamos de la escuela. Luego, si no teníamos marihuana inhalábamos pegamento, y hasta llegamos a inyectarnos.

»En el momento era lo mejor, porque nos olvidábamos de quiénes éramos y de cuánto sufríamos; pero por la noche, o cuando estaba fresco en casa, me sentía todavía peor. Ahora me doy cuenta de que lo que en realidad estaba haciendo era castigarme por sentirme tan mal conmigo mismo».

Es sabido que separar consistentemente a una persona de experiencias de integración (a nivel interpersonal) promueve que esa persona llegue a considerar el hacerse daño. A esta acción social, a nivel colectivo, los sociólogos la llaman marginación. La marginación se da entre pares cada vez que delimitamos las oportunidades de que determinada persona pueda participar de ciertas actividades, y de este modo terminamos abriéndole otras puertas, inclusive las que no quisiéramos... Una de estas puertas es la autodestrucción. Esto incluye desde el daño físico, hasta la posibilidad de usar algo (como las drogas) para alejarse, al menos temporalmente, de esa dolorosa realidad. Una persona en esta situación puede emplear las drogas, ya sea para sobrellevar el dolor del rechazo (o el miedo al rechazo), para «llamar la atención», para crear una «nueva realidad», e incluso como una forma de rodearse de nuevas personas y ser validado. Es como «soltar» el rechazo de algunos amigos para buscar un nuevo grupo que comprenda lo que siente... Un grupo de personas con una necesidad compartida.

Ya sea por la misma razón que Enrique, o simplemente para ser aceptados por los amigos, es obvio que detrás de todas las razones dadas o posibles, quienes recurren a las drogas lo hacen para cubrir alguna necesidad que va más allá de la sustancia en sí. El punto importante es si realmente consiguen, o no, cubrir esa verdadera necesidad que están tratando de tapar.

Sugiero a todo líder de jóvenes que, con respecto a cada joven que llegue a su entidad, ministerio, iglesia o comunidad de fe, se haga la siguiente pregunta: «¿Qué me va a enseñar Dios mediante esta vida?». ¡Es importantísimo pensar en la integración y participación de los jóvenes antes que en su marginación!

Un gran educador y sociólogo puertorriqueño, Eugenio María de Hostos, escribió una frase que puede marcar tu vida y ayudarte a tomar las decisiones acertadas al tiempo que, como a todo joven, te lleguen ofertas de droga... Hostos dijo: «Soy enemigo de los vicios porque los vicios esclavizan y soy enemigo de la esclavitud». Y el mismo Hostos también escribió: «Querer ser libre es empezar a serlo». ¡Joven, libérate! ¡Y luego lucha y sé solidario con todo aquel que también desee salir de la esclavitud!

Tú eres parte de una generación con oportunidades antes inimaginables. Tienes al alcance de tu mano más cosas de las que tus padres jamás soñaron y, sobre todo, tienes la posibilidad de recurrir a información más real para pensar bien qué hacer. Pero también hay más trampas para tu generación que las que hubo para cualquier otra. ¡Es tan fácil distraerse, quedarse en la mediocridad y dejar de soñar, que muchos de los jóvenes que conozcas en estos años se van a quedar estancados sin llegar a ser todo lo que podrían ser! Le pedimos a Dios que ese no sea tu caso... Y por eso te invitamos en este librito a revisar algunas de las realidades respecto a la droga, que es una de las trampas más comunes de la actualidad.

> **TÚ ERES PARTE DE UNA GENERACIÓN CON OPORTUNIDADES ANTES INIMAGINABLES.**

Las siguientes preguntas tienen que hacérselas mirándose al espejo todos los que se sienten tentados: ¿Qué se logra con las drogas? ¿Qué es lo que verdaderamente se consigue? ¿Y qué se pierde?

Por otra parte, tal vez tú eres un líder sin problemas con las drogas y estás leyendo este libro con la intención de ayudar a otros. ¿Por dónde comenzar?

Bueno, primero te presentamos un desafío inmenso: es la **acción de modelar**. Al reunirnos con líderes de organizaciones que ofrecen servicios a jóvenes drogadictos, vemos lo difícil que les resulta a ellos conseguir personas que estén dispuestas a cumplir el grado mínimo exigido de integridad. No se busca la perfección, y todos reconocemos la fragilidad humana, pero resulta complejo siquiera encontrar personas dispuestas a autodesafiarse a tener **integridad y compromiso** hacia su rol.

Además de esto, al momento de trabajar con jóvenes expuestos a riesgos o enfermedades como la adicción a drogas debemos:

- Ser amorosos, pero firmes.
- Recordar que cada joven es autor y gestor de su proceso. No debe ni puede ser un imitador del proceso de otros, ni del nuestro.
- Reforzar el criterio propio y la capacidad de transformación personal de cada individuo.
- Saber que equivocarnos es a veces parte del proceso.
- Tener presente que todos somos seres vulnerables y que nuestra conducta es humana. No somos seres perfectos.

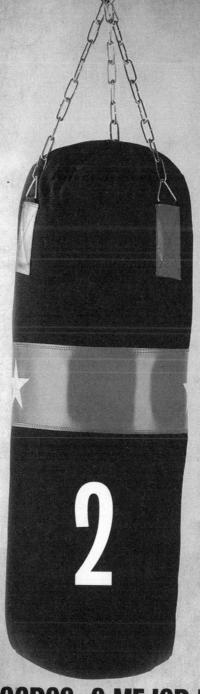

LOS LOGROS, O MEJOR DICHO, LAS PÉRDIDAS

En toda experiencia con las drogas la persona pierde algo. Cualquiera que sea la sustancia que se emplee, drogarse produce una alteración de los sentidos, y esto a su vez resulta en alguna (o varias) de las siguientes pérdidas (si no en todas):

1. Se pierde la habilidad de entender racionalmente

Incluso durante el efecto inicial de emoción y euforia, la persona está demasiado estimulada como para hacer pleno uso de su razonamiento. Pasada esa fase, la persona, que tendrá sueño profundo, depresión, irritabilidad, pánico o alguno de los síntomas secundarios, tampoco estará en pleno uso de sus facultades mentales. El Dr. Alan I. Lesher, Director del National Institute on Drug Abuse de Estados Unidos, aseguró en un comunicado de prensa del NIDA, el 11 de septiembre de 2000, que «las investigaciones más recientes muestran que incluso el uso ocasional de drogas como la cocaína afecta al cerebro de tal manera que este manda señales al cuerpo solicitando dosis aun mayores de la droga ingerida, a la vez que pierde facilidad para accionar sus funciones».

> **INCLUSO EL USO OCASIONAL DE DROGAS COMO LA COCAÍNA AFECTA AL CEREBRO DE TAL MANERA QUE ESTE MANDA SEÑALES AL CUERPO SOLICITANDO DOSIS AUN MAYORES.**

2. Se pierde la habilidad para comunicarse inteligentemente

Bajo el efecto de las drogas se hace más difícil articular inteligentemente las palabras. Pero mucho más

Los logros, o mejor dicho, las pérdidas

alarmante es el efecto a largo plazo, ya que las drogas pueden llegar a lastimar la zona del cerebro que tiene que ver con el habla.

3. Se pierde el sentido de personalidad y de identidad

En especial las drogas con efectos alucinógenos hacen que la persona adicta pierda el estado de conciencia y prácticamente olvide quién es y cómo se suele comportar. Los que recurren a las drogas para olvidar o escapar suelen buscar de manera consciente este efecto totalmente despersonalizador. Después del olvido, la alteración produce confusión y culpa aun mayores. Lo único que cambió por un rato fue el estado anímico. Sin embargo, la situación de raíz permaneció igual.

4. Se pierde la dimensión moral completa

Bajo el efecto de ciertas sustancias a la persona se le distorsionan las barreras entre lo que está bien y es seguro, y lo que es malo y peligroso. Por ejemplo, es bien conocida la relación entre el consumo de drogas y el SIDA, y esto es porque la persona drogada no toma ninguna medida de precaución para no contagiarse. También es habitual que bajo el efecto de las drogas la persona incurra en conductas que en estado consciente condenaría, como el matar a un ser querido o la propia automutilación. Con las drogas, las posibilidades de cometer crímenes crecen en extremo.

5. Se pierde la dimensión correcta de las distancias

También habrás oído hablar sobre la relación existente entre los accidentes de tránsito y la drogadicción. Y es que, al igual que pasa en las borracheras, ciertas drogas confunden a la persona hasta tal punto que le resulta difícil mantener el equilibrio y calcular las distancias.

6. Se pierde la percepción correcta de los colores, las texturas y los tamaños

Cuando se llega al extremo de las alucinaciones, todo empieza a confundirse. Y obviamente esta es una situación muy peligrosa para cualquier individuo. Además, la alteración cada vez mayor de los sentidos de la persona adicta a alucinógenos suele producir trastornos psiquiátricos severos.

7. Se pierde la noción del pasado, presente y futuro

Otro de los efectos conocidos de las drogas es la confusión en la dimensión temporal. Pasada la influencia de las drogas, muchos jóvenes ni se acuerdan de lo que hicieron, y pueden llegar a estar confundidos durante horas sin saber de dónde vienen, a dónde iban, y por qué.

8. Se pierden o substituyen los buenos deseos, intereses y aspiraciones

Las drogas suelen dejar una impresión intensa en el cuerpo. Esa impresión, en el caso de muchas drogas (como por ejemplo la heroína) queda vacante, y progresivamente la persona busca reemplazarla por una nueva impresión similar que casi nunca llega a aparecer. Es en este intento que muchas personas llegan a la adicción. Si no sabemos cómo canalizar correctamente esa impresión terminamos afectando severamente nuestra salud. Los terapistas ocupacionales están entre los profesionales que educan con estrategias a las

Los logros, o mejor dicho, las pérdidas

personas que intentan recuperar su camino al tiempo que batallan con las drogas. Una de las estrategias que

LAS ADICCIONES SON LA PRINCIPAL CAUSA DE MUERTE EN EL MUNDO.

utilizan es que el tiempo libre sea obligatoriamente un tiempo planificado con anticipación. De esta forma se reduce el riesgo de que los intereses y las aspiraciones personales se vean coartados por el deseo de alguna impresión pasajera.

Además de todas las pérdidas que ya analizamos, es importante saber que consumiendo drogas los riesgos siempre ascienden...

Las personas que usan drogas se exponen a conductas de riesgo.

Conductas de riesgo como: actividad sexual, compartir jeringuillas, presiones grupales y decisiones no acertadas.

Esto podría provocar desde violencia familiar y problemas con la ley, hasta embarazos no planificados, automutilación o infecciones de transmisión sexual, entre otros factores.

Algunos hechos concretos

Las adicciones son la principal causa de muerte en el mundo. También son la primera causa de defectos congénitos, es decir que sus consecuencias pueden pasar de generación en generación. Además, hay otras estadísticas alarmantes. Según los datos suministrados por la campaña Vive sin Drogas, del Gobierno de México, las drogas están presentes en:

3 de cada 10 pacientes de hospitales generales.
5 de cada 10 pacientes de instituciones de salud mental.
5 de cada 10 muertes por accidentes de tráfico, incendios, ahogos y suicidios.
5 de cada 10 reclusiones penales.
5 de cada 10 delitos juveniles.
6 de cada 10 homicidios.
4 de cada 10 asaltos.
6 de cada 10 casos de abusos a menores.
6 de cada 10 casos reportados de violencia en el hogar.

Esta es la escalofriante realidad de lo que se «logra» con las drogas. Sin embargo, algunos jóvenes van a seguir insistiendo en que las drogas (o al menos ciertas drogas) son inofensivas. ¡No saben lo que dicen! ¿Y por qué no lo saben? Porque ellos mismos están engañados por varios mitos... ¡Sigue leyendo, porque los analizaremos en el próximo capítulo!

Los logros, o mejor dicho, las pérdidas

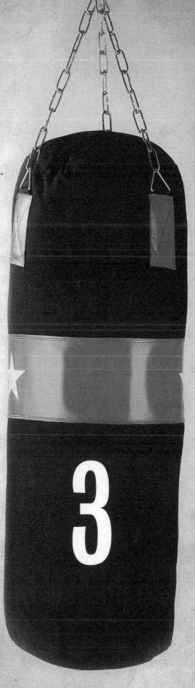

MITOS VERSUS REALIDAD

Cada vez que tenemos la oportunidad de hablar con jóvenes o adolescentes, en seguida nos damos cuenta de cuántos mitos populares conocen y creen. Aquí te ofrecemos una lista de varios de esos famosos mitos, contrastados con las realidades correspondientes, para que no te dejes engañar...

Mito 1: «*Probar las drogas no es arriesgado porque a mí no me producirán adicción*». (*O la famosa frase: «Eso a mí nunca me sucederá*».)

Realidad: Hay montones de jóvenes que pensaron lo mismo que tú, hasta que se dieron cuenta de que ya no podían estar tranquilos sin consumir determinadas sustancias. Incluso la marihuana produce más adicción que el tabaco. Además, cualquier persona puede resultar presa de una adicción, y es imposible controlar lo que se hace bajo el efecto de un alucinógeno.

Mito 2: «*La marihuana no es una droga porque viene de una planta y es ciento por ciento natural*».

Realidad: La marihuana es muchísimo más cancerígena que el tabaco, y su uso (aunque sea ocasional) es incluso más adictivo que el del cigarrillo.

Mito 3: «*Usar drogas no es peligroso y yo puedo manejarlo*».

Realidad: Los efectos de las drogas son muy impredecibles, y afectan a cada persona de diferentes maneras. Si un grupo de tres amigos salen, se divierten, y terminan la noche probando por primera vez cocaína, es posible que uno de ellos jamás vuelva a consumirla (o dos de ellos, o los tres...), pero también es posible que uno de ellos, dos, o los tres terminen con una adicción a la cocaína. Así de impredecibles son los resultados

cuando se prueban las drogas. Y este es un riesgo que no vale la pena correr.

Además, el consumo progresivo de diferentes tipos de drogas es más común de lo que te imaginas, y es casi imposible manejarlo una vez que estás metido en el problema. Seguramente habrás escuchado ya en alguna charla que consumiendo cierto tipo de sustancias, bueno... ¡así se empieza! ¡Y esto es completamente cierto! Lo comprobamos todo el tiempo quienes trabajamos en el tratamiento. Aunque cueste creerlo, la cadena alcohol, marihuana, cocaína o pastillas/fármacos, heroína, ¡es real! En ciertos casos puede variar, pero en la mayoría de los casos una sustancia le abre paso a la otra. Hoy en día es muy común en los jóvenes el consumo de varias drogas a la vez, lo cual significa un aumento automático de factores de riesgo y de efectos nocivos.

Mito 4: «*Aspirar un poco de coca o heroína no tiene riesgos porque no es necesario inyectarse*».
Realidad: Los efectos de las drogas son peligrosos independientemente de cómo sea la ingestión. Estas son drogas de alta adicción, y sus efectos secundarios alteran el funcionamiento normal de la persona y su salud en todo sentido.

Mito 5: «*Todo el mundo lo hace*».
Realidad: Las estadísticas internacionales más recientes demuestran que el uso de drogas se ha estabilizado (es decir, que no sigue en aumento) gracias a las campañas sociales de concientización respecto de los efectos de las drogas. Esto quiere decir que, aunque en determinadas zonas su uso sí pueda estar en aumento,

las nuevas generaciones están, en general, más cons-
cientes de las consecuencias que las drogas producen.

O sea que no todo el mundo lo hace. Y además, ¿desde cuándo el que todo el mundo lo haga es una razón
válida para hacer algo?

Mito 6: «*No debe ser tan malo hacerlo, porque en
otros países es una práctica cotidiana y socialmente
aceptada*».
Realidad: Muchas personas suelen justificar el uso
de cierta droga porque en otro país es una práctica de
uso cotidiano, y en esto ciertamente debemos tener en
cuenta las representaciones socioculturales presentes
en cada país. Las políticas
de prohibición y uso de las
diferentes drogas definitiva-
mente varían de un país a
otro, y las mismas están
estrechamente vinculadas
a las prácticas culturales y
al contexto. Lo que es una
adicción en un país podría
ser una práctica cotidiana
en otro. Por otra parte, y

> **HOY EN DÍA ES MUY COMÚN EN LOS JÓVENES EL CONSU-MO DE VARIAS DROGAS A LA VEZ, LO CUAL SIGNIFICA UN AUMENTO AUTOMÁTICO DE FACTORES DE RIESGO Y DE EFECTOS NOCIVOS.**

aunque pocos quieran reconocerlo, también es cierto
que bebidas como el café, el vino y las gaseosas o
bebidas cola pueden llegar a convertirse en escenarios
de adicción.

Todos conocemos a varias personas que por no consumir
un café o una gaseosa en todo el día se quejan de un dolor
de cabeza intenso que corta toda su productividad y sus
posibilidades de funcionar de manera normal.
Obviamente los efectos y resultados son distintos a

los de las drogas psicoactivas. Sin embargo, es importante resistir todo aquello que nos haga caer en una dependencia y que limite la posibilidad de desarrollar todo nuestro potencial. Todos tenemos el derecho de participar en nuestras prácticas culturales, siempre y cuando estas no afecten aquello que debe ser protegido: nuestra salud.

LAS ESTADÍSTICAS INTERNACIONALES MÁS RECIENTES DEMUESTRAN QUE EL USO DE DROGAS SE HA ESTABILIZADO (ES DECIR, QUE NO SIGUE EN AUMENTO) GRACIAS A LAS CAMPAÑAS SOCIALES DE CONCIENTIZACIÓN RESPECTO DE LOS EFECTOS DE LAS DROGAS.

Cierta vez un científico dirigió un experimento en el que a un grupo de monos se les permitía tener libre acceso a la cocaína. Primero, el científico iba agregando poco a poco cocaína a los alimentos de los monos, hasta que comprobó que los chimpancés ya eran adictos a la sustancia. Un día, el científico y sus ayudantes decidieron que había llegado el momento de que la cocaína fuera de libre acceso para los monos (es decir que pudieran disponer de ella cada vez que quisieran). Así que instalaron unos tubos por los que los monos podían aspirarla cuando lo desearan, y se alejaron para observar qué sucedía... El científico esperaba una reacción exagerada, ¡pero aun así se sorprendió! Los monos no aspiraron diez veces, ni veinte ni cien... ¡Los monos (que ya eran adictos adictos) aspiraron 12.800 veces seguidas hasta que murieron de sobredosis! Al principio esta historia puede parecer graciosa, pero la verdad es que resulta muy triste que tantos jóvenes actúen como estos monos. Nosotros somos seres inteligentes. Podemos pensar, evaluar y decidir. Tú tienes en tus manos la decisión de ser esclavo de una sustancia, o de ser libre. No puedes creer los mitos sociales, por más populares que sean, sin usar la mente para evaluarlos.

Tú tienes en tus manos la decisión de ser esclavo de una sustancia, o de ser libre.

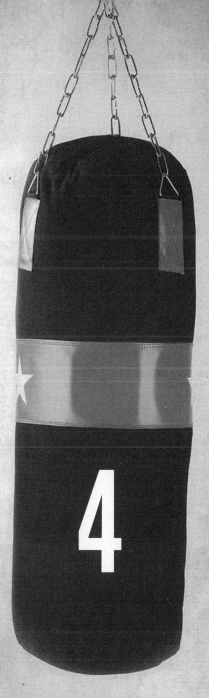

SUSTANCIAS NO TAN SECRETAS

La ignorancia nunca ayuda. Conocer cuáles son las drogas que se están utilizando nos ofrece la posibilidad de responder con un **no** más sólido, o incluso con la información necesaria para ayudar a otros. A continuación te brindamos una lista general de algunas de las principales drogas actuales:

ESTIMULANTES

Catinona (Khat)
Se encuentra presente en una planta de origen africano conocida como «Khat». Tiene un uso muy parecido al que tiene la cocaína en América.

Cocaína
Es una de las drogas de mayor difusión en el mundo. En la jerga de los consumidores se la conoce como «blanca», «polvo», «papa», «talco», «merca», etc. Produce una sensación de bienestar, euforia, brillantez y alegría. Pasado el efecto, los resultados son fatiga fuerte, dolores crónicos de cabeza, irritabilidad y depresión profunda. Afecta el metabolismo, produciendo constantes variaciones y descompensaciones que tarde o temprano llevan a la hospitalización por algún efecto secundario.

Crack
Es cocaína fumable en altas concentraciones. Puede llegar a ser fulminante en una sola dosis. En lugares como Estados Unidos y algunos países europeos es bastante accesible. Hemos conocido jóvenes que, aun siendo drogadictos, no querían saber nada del crack.

Efedrina

Es utilizada comúnmente en medicamentos contra el resfriado y es de origen vegetal.

MDMA (Éxtasis)

Es un compuesto basado en anfetaminas a las que se añaden otras sustancias. De acuerdo a la composición, y además de los efectos estimulantes iniciales, puede alcanzar efectos alucinógenos. Se suele ingerir, pero también puede fumarse o inyectarse. Rápidamente empieza a producir una sed intensa, y eleva la temperatura del cuerpo. Si se toma en lugares concurridos como bailes, la pérdida de líquido puede producir desmayos por deshidratación. También se han descrito ataques de ansiedad, depresión y pánico. A largo plazo, el éxtasis puede producir trastornos neuropsicológicos o psiquiátricos permanentes, desde alteraciones de la memoria hasta trastornos afectivos y psicosis paranoide.

Metanfetamina

Conocida comercialmente como «Desoxyn». Esta droga fue descubierta en Japón hacia el año 1919 y utilizada por muchos soldados durante la Segunda Guerra Mundial.

Yumbina

Afrodisiaco tradicionalmente usado para ganado, que ha sido utilizado para substituir las «rape drugs» como el Rohypnol o el GHB. (Se les llama «rape drugs» a aquellas drogas que se le administran a la víctima para facilitar una violación o asalto sexual).

DEPRESORES

Codeína
Opiáceo natural que se encuentra presente en la flora, como por ejemplo la amapola.

Fentanil
Utilizado como anestesia para intervenciones quirúrgicas. Es un opio sintético que puede llegar a ser ciento veinticinco veces más potente que la morfina, pero con un efecto narcótico mucho menor.

Heroína
Es un narcótico sintetizado de la morfina. Para lograr su efecto, los adictos a la heroína llegan incluso a usar jarabes y otros remedios derivados de la morfina. Se inhala (en general en las primeras experiencias) o se inyecta. Los efectos momentáneos son disminución del dolor, el temor o la angustia. También produce un aumento de la desinhibición. Es una de las drogas que más rápidamente produce dependencia, ya que es necesario aumentar su dosis cada vez para lograr el efecto esperado. Aproximadamente diez horas después de suministrada una dosis, se producen sudoración, temblores, insomnio, vómitos, diarrea, aumentos de presión y calambres. Por esa razón la sobredosis es una constante que se repite en los adictos a la heroína.

Morfina
Debido a sus componentes analgésicos ha sido explotada por la industria farmacéutica y es sacada directamente de la goma de la amapola, a la que se le conoce como «opio».

Oxicodona

Es un opiáceo farmacéutico altamente adictivo que también se encuentra bajo el nombre comercial «Oxycontyn». Muchos de sus usuarios han llegado a presentar episodios de sobredosis.

PSIQUEDÉLICOS

DMT

Es un psiquedélico que se produce por naturaleza en nuestro cuerpo y también se puede hallar en animales y plantas, especialmente en la Ayahuasca, bebida sagrada de uso ritual a nivel mundial.

Ibogaína

Presente en las raíces del arbusto Tabernanthe iboga, es utilizada para ritos de comunidades indígenas de África. Continúa en estudio por su posible utilización para el tratamiento de adicciones.

LSD o dietilamida de ácido lisérgico

Se administra por vía oral. Es incoloro y soluble en agua. Entre sus efectos se cuentan: pánico, alucinaciones, despersonalización y delirios. Es una de las drogas más utilizadas en el área de los psiquedélicos, y también se ha utilizado para diversas aplicaciones medicinales y terapéuticas. Aunque no resulta ser tan tóxica como otras drogas ni genera tanta dependencia, el mayor riesgo en su consumo está en que sus efectos son muy intensos, y los delirios que ocasiona pueden provocar conductas imprudentes o peligrosas.

Mescalina

Presente y activa en el Peyote, un pequeño cactus de uso sagrado y muy típico en las comunidades indígenas americanas.

Psilocibina

Sustancia presente en la variación de hongos psilocíbicos que han sido utilizados por generaciones en diversas comunidades alrededor del mundo.

OTRAS MUY MENCIONADAS Y USADAS...

Alprazolam («Xanax»)

Fármaco que es recetado para manejar estados de ansiedad y utilizado para escenarios complicados como la agorafobia y el luto. Posee cualidades antidepresivas. Se encuentra en el mercado desde el 1980, y fue sintetizado por la investigadora Patricia Chrem. Los profesionales de la salud se han sorprendido por la dependencia física y psicológica que produce en los jóvenes.

Buprenorfina («Suboxone/Subutex»)

Este fármaco que entró a Estados Unidos comercialmente a partir del 1980, proviene del grupo de los opiáceos. Desde 2001 se utiliza para el tratamiento de adicciones a otros opioides como la heroína y la morfina. Puede administrarse de forma intramuscular, intravenosa o sublingual.

Cannabidiol

Posee propiedades antidepresivas y está presente en el Cannabis. Entre los jóvenes es conocida como «CBD».

Sustancias no tan secretas

Diazepam («Valium»)

Fue mercadeado inicialmente como «Valium». Es usado por profesionales de la salud para tratar ataques de pánico, insomnio y síntomas de retirada de otras sustancias (como el alcohol), entre otros. Posee un gran listado de efectos adversos como la sedación y depresión. Con su uso prolongado puede provocar dependencia física.

Esteroides anabólicos

Se les llama así a las sustancias sintéticas relacionadas con las hormonas masculinas. Esta es la trampa en la que caen muchos deportistas. Los suplementos esteroides pueden ser convertidos en testosterona u otro compuesto similar del cuerpo humano. La testosterona produce crecimiento muscular. El problema es que los alcances de este crecimiento y los efectos secundarios son difíciles de asegurar y peligrosos. Se pueden llegar a producir malformaciones, daños al hígado y severos problemas metabólicos. Otro elemento a resaltar aquí son los riesgos que existen al inyectarse esta droga (así como las otras drogas inyectables), ya que los usuarios se exponen a infecciones y al contagio de enfermedades por compartir sus jeringuillas.

Inhalantes

Son productos de alta toxicidad, en general pegamentos, utilizados mayormente por niños y adolescentes de bajos recursos, o por jóvenes que ya son adictos y que de momento no tienen ni una moneda. Su consumo puede llevar directamente a la muerte. Se pueden ver niños utilizando inhalantes en casi todas las capitales de Latinoamérica y Europa.

Marihuana

Es uno de los cultivos más antiguos de la humanidad. La marihuana (o mariguana) es un alucinógeno, es decir que produce una marcada alteración de los sentidos y las percepciones. Suele ser una de las primeras drogas que se consume, y por tanto se ha hecho moneda corriente entre muchos adolescentes y jóvenes. Después de varias horas de euforia produce somnolencia y depresión. Es más cancerígena que el tabaco (en una proporción de 5 a 1) y también puede llegar a deteriorar el tejido cerebral.

Oxycodone/Oxicodona («Percocet»)

Conocida bajo el nombre de «Percocet» en Estados Unidos, es utilizada para aliviar temporalmente dolores severos o crónicos. Ha ayudado a mejorar la calidad de vida de personas que padecen de múltiples dolores. Sin embargo, se han reportado efectos adversos como pesadillas, pérdida de memoria, fatiga, mareo, náuseas, dolor de cabeza y ansiedad. Si se abusa de su consumo puede provocar sobredosis, paro respiratorio, y síntomas de abstinencia en personas que discontinúan su uso de forma abrupta.

THC (Tetrahidrocannabinol)

Es uno de los elementos presentes en el Cannabis. Posee estrechos vínculos con los cannabinoides, que, aunque presentes naturalmente en el cuerpo, regulan cuestiones como nuestro estado de ánimo, impresiones como el hambre, y están vinculados con la capacidad de nuestra memoria.

Como dijimos al principio, este no es más que un listado resumido. Existe una gran cantidad de variaciones

de estas drogas, y constantemente se están creando otras nuevas que contienen elementos de estas. Y es que resulta vital entender, como sociedad, que al ser humano las propuestas desafiantes (como el prohibicionismo) solo le alientan a

> **EXISTE UNA GRAN CANTIDAD DE VARIACIONES DE ESTAS DROGAS, Y CONSTANTEMENTE SE ESTÁN CREANDO OTRAS NUEVAS QUE CONTIENEN ELEMENTOS DE ESTAS.**

crear nuevas ideas. Esto ya lo advirtió desde 1971 el economista Milton Friedman, cuando fuera declarada «la guerra contra las drogas». Por aquel entonces, Friedman expuso las consecuencias de prohibir algún tipo de droga, y lo hizo sencillamente repasando el efecto de tales medidas a través de la historia.

Aparentemente, en la mayoría de los casos los efectos habían sido adversos. Y posiblemente hoy suceda lo mismo. Es una «guerra» en la que nadie gana. Pero aunque Friedman ya lo predijo hace más de 40 años, insistimos en utilizar los mismos enfoques y hacer los mismos abordajes frente a la situación. Y seguimos perdiendo vidas por falta de nuevas iniciativas, ya que con solo prohibir las drogas no se resuelve automáticamente la cuestión. Es necesario expandir nuestra mirada y construir políticas de salud que aborden esta problemática desde múltiples aspectos. Eso se inicia reconociendo con humildad que nos volvimos a equivocar. Ya que mientras los adultos nos ponemos de acuerdo, el listado de drogas disponibles para los jóvenes sigue aumentando...

¿CÓMO CONSIGUE HACERSE
PUBLICIDAD LA DROGA?

Según la revista *Newsweek*, a fines de la década de los noventa la heroína aumentó su presencia en el mundo de la cultura popular a raíz de la muerte de un músico que la consumía. Por haberse hecho mucha publicidad para la venta de discos, ropa, calcomanías y otros artículos con la cara del músico o de su esposa (de vestimenta desgarrada y también adicta a estupefacientes), la muerte de Kurt Cobain (voz líder del grupo Nirvana) significó una fuerte promoción para la heroína. MTV lanzó una campaña de homenajes al músico por toda su red de transmisión mundial. ¡El «ídolo» de tantos jóvenes y adolescentes era exaltado como un héroe por haber vivido sus últimos años adicto a la heroína y por haber muerto de sobredosis!

Además, en los últimos tiempos los artistas y los deportistas se han constituido en los gobernantes de la sociedad. Los medios masivos de comunicación invierten millones en seguir las vidas de estos personajes. Manejan bien una pelota o saben actuar y cantar, y eso hace que todos invirtamos nuestro tiempo en ver y saber qué hacen ellos con el suyo. Se gastan horas de televisión

SE GASTAN HORAS DE TELEVISIÓN Y TONELADAS DE PAPEL DE REVISTA EN INVESTIGAR LAS VIDAS DE ESTOS ÍCONOS SOCIALES.

y toneladas de papel de revista en investigar las vidas de estos íconos sociales. Inconsciente, o conscientemente, se convierten en nuestros modelos. Cada vez que hablo sobre modelos con jóvenes o adolescentes me dicen que ellos no tienen ídolos y no copian a nadie. No obstante, su forma de pasar el tiempo, su forma de vestir, lo que escuchan y sueñan, todo eso grita

más fuerte que sus palabras. ¡El problema es el pésimo ejemplo que muchos de estos artistas y deportistas representan! Estos «modelos sociales» pasean su *glamour* por los medios de comunicación, y de tanto verlos aquí y allá nos atrapa el engaño. Tienen fama, dinero y talento en alguna cosa, por lo que pareciera deducirse que todo lo que hacen está bien. Pero las cámaras no nos muestran sus horas de angustia cuando la fama baja un poco sus decibelios, ni sus pozos de depresión después de alguna noche descontrolada, ni el temor de saber que hay algo que los tiene esclavizados y de lo cual no se pueden liberar. Ya hubo muchos superfamosos que se suicidaron (aunque aparentaban «tenerlo todo»), y hay otros muchos que en el secreto de sus vidas se preguntan cómo ser felices.

Un caso muy triste y bien conocido es el de Maradona. Para algunos es el mejor jugador de fútbol de todos los tiempos. Para todos los fanáticos del fútbol sin duda está entre los mejores. Pero una y otra vez ha sido presa de las drogas. Su equipo fue eliminado del campeonato mundial por su adicción. Él fue suspendido de su equipo por su adicción. Fue sentenciado por la Federación Internacional del Fútbol Asociado por su adicción. Avergonzado vía satélite por su adicción. ¡Increíble!

Otras «campañas»

La segunda campaña publicitaria es la de un montón de adultos que se aprovechan de lo fácil que es influir en muchos jóvenes. Se llenan de dinero por medio de la manufactura y el tráfico de drogas, a sabiendas de cuáles son sus resultados reales. La industria de las drogas es multimillonaria, y cada vez hay más personas sin conciencia que pretenden beneficiarse de la adicción de otros. Conocemos el caso de una persona que se dedicaba a vender drogas en la puerta de una escuela. Al preguntarle si él se drogaba, respondió que de vez en cuando tenía que probar la «mercancía», pero que prefería ni tocarla porque no quería ser un «sucio drogadicto». También explicó que en las escuelas trataba de dar con los más populares o rebeldes y les hablaba hasta convencerlos de lo sensacionales que eran esas drogas. Así conseguía un buen dinero, y después de un tiempo cambiaba de escuela.

La tercera campaña publicitaria es la de los mismos consumidores. Tarde o temprano se dan cuenta de que están atrapados, y no quieren quedarse solos. Por eso inducen a sus amigos y conocidos a probar lo mismo que ellos. De este modo se sienten más protegidos y tratan de calmar su conciencia, convenciéndose de que «todos tarde o temprano caen en la adicción». Muchas veces la cobardía de algunos desempeña el papel de motor para lograr que se involucre todo el grupo, ya que arrastran a otros para no hacer solos aquello que ellos no pueden dejar de hacer. Otra razón muy común es que a veces para conseguir más droga se tienen que convertir en traficantes. Venden, y como parte de su pago, consumen. Cuanto más profundo sea el nivel de adicción, más grande es la necesidad de vender. Este, obviamente, es un medio de propagación muy poderoso, ¡y una campaña publicitaria subterránea como pocas!

> **LA TERCERA CAMPAÑA PUBLICITARIA ES LA DE LOS MISMOS CONSUMIDORES. TARDE O TEMPRANO SE DAN CUENTA DE QUE ESTÁN ATRAPADOS, Y NO QUIEREN QUEDARSE SOLOS.**

¿Cómo consigue hacerse publicidad la droga?

Por esto, una de las movidas preventivas que sugerimos trabajar para prepararse para «la batalla de las drogas» en los grupos de jóvenes es el **auto-concepto.** Es vital que cada adolescente y joven logre sentirse seguro de sí mismo. Esto será una gran ventaja al momento de tomar decisiones frente a la diversidad de ofertas que de seguro se le presentarán. Un joven que se encuentre convencido íntimamente de sus pensamientos, sentimientos y acciones, será lo suficientemente fuerte como para anunciar un «no» con determinación. Por el contrario, una persona que no conoce la gran capacidad que posee para desarrollarse en diversas áreas, o que presenta demasiadas inseguridades como para exponer su propio pensar será más vulnerable a ceder ante la presión grupal. Dicho de una manera más directa, un joven que no tiene un buen autoconcepto es presa fácil en la calle. Por otra parte, queremos decirte que si descubres que te encuentras rodeado de personas que no respetan lo que piensas, sientes, o decides, esta es una señal de que llegó el tiempo de modificar tus círculos de amistades. Los autores de este libro estamos seguros de que hay otras personas que respetarán y apreciarán lo mucho que vales. ¡Eres único! ¡Eres única! ¡Eres irreemplazable!

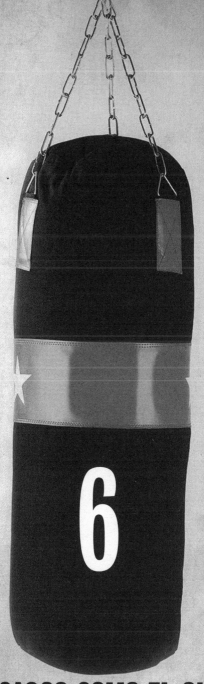

6

CASOS COMO EL QUE TÚ CONOCES

Estos son algunos casos similares a los que tal vez sean parte de tu historia...

Alejandro

Era la fiesta de fin de curso. El baile de la escuela no fue como se lo habían imaginado, así que Alejandro y sus amigos decidieron seguir la fiesta en otro lado... Esa noche el papá de Alejandro le había prestado (por primera vez) el automóvil familiar para que fuera con sus amigos al baile de egresados. Los seis compañeros se las arreglaron como pudieron para entrar en el carro y partieron hacia el club nocturno más conocido de la ciudad. Era la primera vez que iban a entrar, así que estaban muy emocionados. En cuanto atravesaron la puerta, algunos se fueron directamente al bar para pedir unas bebidas, mientras que Alejandro y otros más se pusieron a bailar. Después de unos minutos de baile y de bebidas alcohólicas fueron a sentarse en un rincón. Mientras conversaban se les acercó un joven mayor que ellos, y comenzó a hablarles. Después de hacer un par de averiguaciones les ofreció éxtasis y heroína a un precio muy bajo. Dijo que les hacía «una oferta de fin de curso». Pese a que Alejandro dudó, sus amigos insistieron y todos ingirieron las sustancias. Ninguno de ellos estaba acostumbrado. La mezcla con el alcohol, con la emoción del momento, y todo eso unido al baile y al cansancio, no tardó en hacer efecto. Después de varias horas de euforia y baile descontrolado uno de ellos empezó a vomitar, y otro casi se desmayó. Medio confundidos, decidieron que era hora de marcharse. Cuando subieron al automóvil ya eran cuatro los que vomitaban. Alejandro estaba alterado y confundido. No quería manejar, pero uno de sus amigos insistía en que ya tenía que irse a su casa. A las tres

cuadras de camino, Alejandro no vio una luz roja, por lo que chocaron estrepitosamente contra un camión. Alejandro y los otros dos que iban adelante murieron al instante. Los tres de atrás y el conductor del camión resultaron heridos, y las ambulancias los llevaron al hospital. Hoy en día uno de los jóvenes supervivientes sigue sin poder usar bien una de sus piernas...

Historias como la de Alejandro se dan todos los días, y es por esto que un buen autoconcepto puede hacer la diferencia. No los extingue totalmente, pero sí reduce los riesgos de tomar decisiones en base a presiones externas. Así le ocurrió a Alejandro. No tiene que ver con que los jóvenes sean buenos o malos. Se trata de los escenarios a los que se exponen, y a las determinaciones que realizan en cada momento. Un día están de fiesta (al igual que Alejandro), y al otro día están batallando con las drogas. También es importante recordarles a los jóvenes que una de las decisiones más importantes que deben tomar es quiénes serán los pares con los cuales andarán por los caminos de la vida. Una buena frase para tener siempre presente es: «Amigo es aquel que te lastima con la verdad, para que no te pierdas con la mentira». Escuchar y atesorar con sabiduría estas palabras puede ahorrarle a un joven muchos resbalones en el camino.

Luis

Había llegado a California desde México. Escapando de la pobreza y la falta de oportunidades, se había mudado con sus tíos para empezar una vida nueva en otra cultura y otro país. Pero tan pronto llegó, se sintió perdido. Los compañeros de su nueva escuela hablaban y se vestían de forma diferente. Hasta caminaban de otra manera. Cuando estaba entre sus amigos en México, él era «alguien». Todos lo conocían, lo saludaban y respetaban. Ahora era uno más del montón. Se sentía incómodo por no poder entenderse bien con su nuevo mundo. Antes acostumbraba a ser el centro de atención, y ahora se sentía como si fuera solo un holograma en su nuevo mundo. Luis empezó a cambiar por fuera y por dentro.

Cambió su forma de vestir, de peinarse, e incluso su vocabulario. Pero también cambió la manera de verse a sí mismo. Antes se sentía seguro de quién era y de qué tenía que hacer para ser aceptado por los demás. Ahora dudaba. Se sentía peor con su familia, y se estaba llenando de reproches para con sus padres, para con sus tíos, y para con él mismo.

Una mañana se acercó a un grupo de muchachos que estaban jugando al baloncesto en la escuela. Uno de ellos estaba cansado, así que Luis lo reemplazó. Era la oportunidad que estaba esperando. Luis se defendía en todos los deportes, así que puso todo su esfuerzo en jugar lo mejor

> **«AMIGO ES AQUEL QUE TE LASTIMA CON LA VERDAD, PARA QUE NO TE PIERDAS CON LA MENTIRA».**

posible. Y logró impresionar a los demás, así que lo invitaron a jugar por la tarde cerca de la casa de uno de ellos. ¡Luis se alegró mucho! Sin pensarlo demasiado, esa tarde se aseguró de vestirse lo más parecido posible a esos jóvenes, y se fue a reunirse con ellos. Lo pasaron bien, y luego de esa vez se juntaron varias veces más para jugar baloncesto, pero siempre hablaban de cosas que Luis no entendía y de personas que él no

Casos como el que tú conoces

conocía. Eso le hacía sentirse incómodo, así que trató de relacionarse más con ellos y de enterarse lo más posible para no sentirse afuera. Una de esas tardes, Roberto (el más pequeño del grupo) apareció mareado y estaba muy violento. Los demás se reían. Luis no sabía qué hacer, e ingenuamente preguntó qué pasaba. Al ver que no entendía, los demás le preguntaron si nunca se había drogado. Luis enseguida dijo que sí. Era mentira, pero le dio miedo que los demás lo marginasen. Acompañaron al otro amigo hasta su casa. Su familia estaba en el jardín, pero ellos se encerraron en el garaje. Roberto sacó su mercancía. Era cocaína. Empezaron a pasarse la bolsita de mano en mano y todos la iban probando. Cuando llegó el turno de Luis, sintió que tenía encima los ojos de todos. Miles de pensamientos le pasaron por la mente: «Si todos lo hacen no puede ser tan malo... y si no la pruebo van a saber que dije una mentira... van a pensar que soy un gallina y se van a reír de mí». De este modo se convenció muy rápidamente de que lo mejor era probarla.

Este fue el principio de la historia... Hubo muchas más visitas al garaje. Luis está hoy preso y desesperado. «No sé cómo llegué acá», se lamenta...

Gisella

Gisella tenía 16 años cuando conoció a Diego. Él era uno de los nuevos estudiantes que había sido transferido a su escuela desde otro distrito. En cuanto llegó, Diego se hizo notar. Era alto, buen mozo, y por su manera de desenvolverse se notaba que pronto iba a ser uno de los más populares en la escuela. Era evidente que era más grande que el resto. Varias semanas después ya formaba parte del equipo de deportes, desde los más grandes hasta los más chicos lo saludaban a la salida y había un montón de chicas enamoradas de él. Entre ellas, Gisella. Al principio ella lo investigó con timidez, pero un buen día se sentaron juntos en la clase de música y empezaron a conocerse. Diego había repetido el año varias veces y estaba atrasado en sus estudios. Pero eso no le importó a Gisella. Se notaba que Diego no era tonto. Empezaron las largas llamadas telefónicas, y pocas semanas después Diego y Gisella eran novios.

Fuera de la escuela Diego tenía otros amigos de su edad. Algunos eran compañeros de su anterior escuela y otros eran compañeros del vecindario. Gisella pronto los conoció y comenzó a pasar tiempo con ellos. Se sentía muy bien por tener estos nuevos amigos, y sobre todo porque desde que estaba con Diego el resto de

> **«SI TODOS LO HACEN NO PUEDE SER TAN MALO... Y SI NO LA PRUEBO VAN A SABER QUE DIJE UNA MENTIRA... VAN A PENSAR QUE SOY UN GALLINA Y SE VAN A REÍR DE MÍ».**

la escuela la trataba de forma diferente. Gisella estaba bastante enamorada.

Un viernes por la noche, cuando llegó a casa de Diego, se lo encontró fumando marihuana con sus amigos. Al principio se preocupó, pero al ver que también se encontraba allí la novia de otro de los muchachos, y que todos se estaban divirtiendo, trató de ocultar su desconcierto. Diego se acercó y le dijo: «Mi amor, quiero que compartamos todo... fuma esto y vas a ver qué bien te sientes». Esa fue la primera vez. Al volver a su

casa, Gisella se prometió que no lo volvería a hacer, pero en las semanas siguientes ocurrió lo mismo.

Una de esas noches en las que los papás de Diego no estaban, todos aprovecharon para juntarse. En un momento Diego la tomó fuerte de la mano y la condujo a la habitación de sus padres. Habían estado fumando marihuana durante horas, y ambos estaban bien «volados». Empezaron a besarse como siempre lo hacían, y entonces Diego empezó a tocarla y a quitarle la ropa. Gisella trató de detenerlo, pero se sentía confusa. Estando ya casi sin ropa insistió más y más fuerte en que no quería seguir, pero él no razonaba lo suficientemente bien como para detenerse y probablemente pensó que era parte del juego. Sin fuerzas físicas ni mentales para defenderse, Gisella cedió... Tiempo después, al relatar lo sucedido, Gisella dijo: «No creo ni que se haya dado cuenta, ni que se acuerde de que me violó».

Raquel y Fernando

Ellos se conocieron en una actividad para jóvenes de la iglesia. Ella era cristiana. Él había ido por insistencia de su familia, pero la verdad es que no quería estar ahí. Todo cambió cuando la vio. En cuanto se vieron se gustaron. Les tocó hacer un juego juntos, y así comenzaron a hablar. Después de esa noche Fernando la empezó a llamar seguido. Ella lo invitaba a la iglesia y él la invitaba a salir. Ambos lograron lo que querían, porque ella aceptó salir con él y Fernando empezó a ir a la iglesia, aunque solo porque estaba interesado en ella.

Fernando trabajaba en un restaurante, y varias semanas antes había probado drogas por primera vez. Un compañero de trabajo le daba cuando salían del restaurante.

Esas noches trataba de no llamar a Raquel para que ella no se diera cuenta de lo que pasaba. Pero una noche fue ella quien lo llamó. En cuanto hablaron vio que algo andaba mal, y le preguntó con insistencia, pero él no decía nada. Al día siguiente se vieron, y él le contó todo. Le dijo que la amaba y pasó a contarle cómo había llegado hasta ese pozo. Raquel quedó confundida y decidió ir a hablar con su pastor de jóvenes. Su pastor le dijo que evidentemente Fernando necesitaba ayuda, pero que convertirse en su novia no iba a ser bueno para ninguno de los dos. Además, para ella eran importantes sus creencias como cristiana, y él todavía no había mostrado ningún verdadero interés en lo que creía Raquel. Ella obedeció durante unos cuantos días, pero Fernando seguía llamándola y pidiéndole ayuda. El «instinto maternal» de Raquel le decía que ella lo podía ayudar a salir de aquello, y que si se gustaban y sentían algo el uno por el otro, eso era suficiente para ser novios. Así lo hicieron. Por un tiempo pareció que la cosa estaba mejor. Ella lo traía a la iglesia y él sabía comportarse. Lo que ella no sabía era que Fernando ya no solo estaba consumiendo, sino que estaba vendiendo para que su amigo le diera más. La adicción estaba creciendo y cada vez era más normal que Fernando volviera drogado del trabajo. Una noche lo encontró así. Estaba descontrolado y deprimido. Raquel trató de aconsejarlo y consolarlo, pero pronto se vio llorando con él, sumergida en su depresión. Ese mismo incidente se repitió varias veces. Pero nadie más que ellos sabía lo que estaba pasando. Empezaron a verse con más frecuencia. Ella comenzó a faltar a la escuela y a mentirle a su familia para encontrarse con él. Fernando también faltaba al trabajo y se encontraban en la casa de algún otro conocido. Un viernes por la noche Fernando llamó desesperado a Raquel.

Estaba alucinando, confundido y eufórico. Ella fue a verlo lo más rápido que pudo. Cuando llegó, él se encontraba solo. Estaba llorando tirado en el suelo. Cuando trató de levantarlo vio que tenía un cuchillo. «¡Me voy a matar!», gritó. Ambos empezaron a forcejear por el cuchillo. Los dos lloraban. Raquel estaba aturdida. El muchacho empezó a cortarse. Todavía no saben cómo, pero en medio de su desesperación, ella también tomó el cuchillo y se hizo un tajo en las venas. En ese momento los encontraron...

Todos estos son casos reales. Son situaciones que de alguna manera tuvimos cerca y en las que ofrecimos consejo. Los nombres y algunos detalles están cambiados para no abusar de la confianza que mostraron estos jóvenes al contarnos sus historias. En todos ellos hubo muchas lágrimas. Y es que a la corta o a la larga, las drogas no producen otra cosa.

También queremos compartirte otro problema que detectamos en torno a las drogas, que es la falta de empatía de muchas personas, incluso dentro de la iglesia. Si lo piensas bien, es injusto que solo algunas condiciones de salud resulten dignas de nuestra consideración. Las personas que viven con problemas de adicción también necesitan de la solidaridad y la compasión de los demás. Hay personas dentro de la iglesia que insisten en que el único motivo por el cual una persona vive escenarios así es porque se encuentra «endemoniada». ¡Resulta vital que despertemos de ese enfoque, que solo contribuye a la estigmatización de la enfermedad! Hemos conocido a personas que permanecían en la adicción sencillamente porque un día les habían dicho en su iglesia que estaban «endemoniadas», y optaron por aceptarlo como parte de su problemática de forma permanente. ¡Y te sorprendería saber la gran proporción de usuarios de distintas sustancias y drogas que provienen de un trasfondo cristiano! Hay que tener cuidado con lo que enseñamos, desde la niñez. Y para esto creemos que es urgente cambiar la teología del castigo, la culpa y la condenación por una de misericordia, compasión y Gracia de Dios. Resulta necesario reenfocar el trato, el abordaje y la connotación que se les asigna en nuestros discursos a las personas que viven temporalmente con problemas de adicción. Es un requisito madurar y reducir la estigmatización para poder avanzar en esta carrera.

> **¡RESULTA VITAL QUE DESPERTEMOS DE ESE ENFOQUE, QUE SOLO CONTRIBUYE A LA ESTIGMATIZACIÓN DE LA ENFERMEDAD!**

Además, cuando estamos frente a un caso, debemos acercarnos al individuo, no prestando atención a la «droga» o «sustancia», sino a la persona, con toda su dignidad y apostando a su capacidad para retomar el camino correcto. Esto podría hacer toda la diferencia en una persona que desea transformar su vida.

Por otra parte, si estás pensando en ayudar a alguien que está metido en este problema, aquí te compartimos siete principios para evitar el autoengaño en la batalla de las drogas:

- «Yo lo cambio» o «Yo puedo cambiarle» no funcionan. Tú no puedes cambiar a alguien solo, e incluso intentarlo puede resultar peligroso para ti. (Mira el caso de Raquel.)

- Todo tratamiento debe incluir un enfoque multi-disciplinario, y el paciente debe ir acompañado de los profesionales que se vayan identificando como necesarios.
- Existen organizaciones dispuestas a trabajar contigo.
- Los familiares o personas allegadas al paciente también necesitan apoyo.
- Cuidado con producir codependencia. Muchas personas con el ánimo de ayudar terminan reforzando conductas de riesgo.
- La recuperación es un proceso personalizado, y no se puede copiar exactamente lo que funcionó para otro adicto diferente.
- El logro solo se inicia cuando la persona está dispuesta a trabajar y se ocupa de su proceso. No se puede «obligar» a nadie a salir de las drogas.

Otra cosa que hemos aprendido trabajando con jóvenes es lo determinante que resulta para ellos la exposición a nuevas oportunidades que aún desconocen. Para entender mejor esto, fíjate cómo definen el concepto de exposición en el campo de la fotografía. Lo utilizan para hacer referencia a «ese espacio de tiempo durante el cual la placa o papel sensible se expone a la luz para que se impresione la imagen deseada». La propuesta que queremos hacer desde este libro es que intentemos hacer algo similar con la juventud. Que expongamos a nuestros jóvenes a nuevas experiencias, eventos, retos, actividades, ofertas, ocupaciones y dinámicas, por el espacio suficiente como para que una impresión agradable permanezca en sus mentes y corazones. Esto se logra solo con consistencia. No hay modificaciones de conducta posibles sin consistencia.

Pensemos en la realidad que viven los jóvenes de nuestras comunidades. Tomemos el caso de Puerto Rico, donde sabemos que un joven que proviene de una familia que ha sufrido exclusión puede llegar a obtener un sueldo mínimo de cincuenta y ocho o sesenta dólares al día, debido a que las ofertas de empleo son escasas (y a que está limitado por su lugar de procedencia). Frente a esto, tiene la opción inmediata de trabajar realizando una gestión riesgosa en un lugar de distribución de drogas. Aquí ganará un mínimo de doscientos o doscientos cincuenta dólares al día. Incluso muchos jóvenes puertorriqueños han estado expuestos solo a la segunda opción, y por lo tanto es la única que conocen. Crecieron con ella, conocen los «roles», y han visto a familiares participar de estos ciclos de distribución de drogas. Por lo tanto, aquello a lo que han estado tan expuestos seguramente se convertirá en su primera opción. Es función de la iglesia mostrarles a los jóvenes que hay otras posibilidades, que sus vidas tienen valor, y que aún desconocen su propio potencial y no lo descubrirán nunca si no se atreven a intentar nuevas rutas. Debemos enseñarles que la educación, el deporte, las artes plásticas, la música y otras opciones saludables son mejores formas de pasar el tiempo y son viables. Y que su propia vida tiene un precio incalculable, y no vale la pena perderla por tomar malas

> **ES FUNCIÓN DE LA IGLESIA MOSTRARLES A LOS JÓVENES QUE HAY OTRAS POSIBILIDADES, QUE SUS VIDAS TIENEN VALOR, Y QUE AÚN DESCONOCEN SU PROPIO POTENCIAL Y NO LO DESCUBRIRÁN NUNCA SI NO SE ATREVEN A INTENTAR NUEVAS RUTAS.**

Casos como el que tú conoces

decisiones. Debemos hacerles ver que aceptando la oferta del «dinero fácil» están poniéndole un precio muy bajo a sus sueños. Pero sepamos que sin una exposición a las alternativas saludables y sin la esperanza de una vida plena para los que sean perseverantes, estos jóvenes estarán destinados a únicamente conocer y hacer lo que siempre vieron...

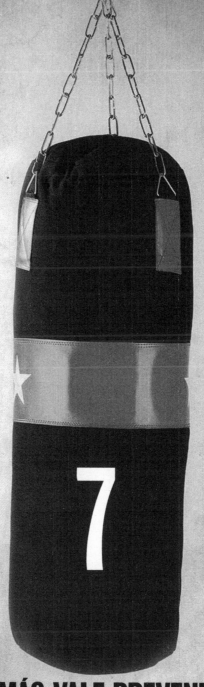

**MÁS VALE PREVENIR
QUE SUFRIR**

Nadie se levanta una mañana, abre la ventana de su cuarto, y grita: «¡Voy a ser toxicómano!». Todo empieza con un descuido. Con una simple «probadita inofensiva» que luego se convierte en una segunda y en una tercera. Con un «sí» flojo. La cuestión es que muchos dicen ese «sí» porque no estaban preparados para el momento de tener que tomar una decisión.

> **NADIE SE LEVANTA UNA MAÑANA, ABRE LA VENTANA DE SU CUARTO, Y GRITA: «¡VOY A SER TÓXICÓMANO!».**

Para ayudar a prevenir estos «descuidos iniciales» es útil que conozcas algunos de los síntomas más comunes que se han observado en los jóvenes que luego terminan involucrados en drogas:

- Se sienten inadecuados o fuera de lugar dondequiera que estén.
- Les cuesta aceptar cumplidos o ver sus propias virtudes.
- Suelen decir que sí cuando en realidad quieren decir que no.
- Tienen miedo al rechazo, a la crítica o al abandono.
- Niegan sus sentimientos negativos o las situaciones dolorosas que están atravesando.
- Hacen cualquier cosa por complacer a los demás.
- Suelen hacer más cosas por los demás que por sí mismos.
- Tienen albergado algún resentimiento profundo en el corazón.

Si al leer esta lista sientes que dos o más de estas características reflejan tu caso o el de un ser querido,

sería bueno que hablaras al respecto con algún adulto digno de confianza. Si se trata de ti mismo, los primeros en la lista de personas con quienes hablar deberían ser tus padres. A lo mejor escucharás alguna palabra que no te guste. Pero el amor familiar es mayor que las dificultades, y a largo plazo te ayudarán a poder estar bien. En su ausencia, o si de verdad estás seguro de no poder contar con ellos, tienes a tu disposición consejeros escolares, psicólogos o líderes cristianos que estarán deseosos de ayudarte. Procura buscar personas con objetividad y que puedan garantizarte confidencialidad. Si tienen experiencia o estudios en el campo, mucho mejor. Acércate con una actitud receptiva, con ánimo de escuchar. Cree que la transformación es posible. Y pídele también ayuda a Dios, que está siempre dispuesto y deseoso de ayudarte. Si todavía no conoces personalmente a Jesucristo, y no tienes una iglesia a la que asistes habitualmente, ¡no sabes lo que te estás perdiendo! Busca rápidamente una iglesia cristiana. Seguro que allí hay líderes de jóvenes con los que puedes hablar de lo que te preocupa, y ellos te ayudarán. También hay organizaciones cristianas que estarán dispuestas a auxiliarte.

Si ya conoces personalmente a Jesús, es necesario que hables con miembros de alguna iglesia cristiana. Empieza por tu iglesia local, pero si crees que allí no hay nadie que te pueda ayudar, ponte en contacto con organizaciones cristianas juveniles como Otra Onda, L.A.G.R.A.M., Juventud para Cristo, Cruzada Estudiantil, Teen Mania, o alguna de tu ciudad. Puedes buscarlas en Internet, diarios o revistas cristianas, o escuchar su publicidad en emisoras cristianas de radio. Conseguir un buen consejo no solo te va ayudar a ti, sino también a quienes te rodean. ¡Tú puedes ejercer una influencia positiva en la vida de tus seres queridos!

Y recuerda: más vale prevenir que sufrir. Por eso es importante estar bien informados y conectados. Si no cuentas con ningún buen consejero adulto, estás expuesto a escuchar solamente las opiniones y los consejos de otros chicos y chicas de tu edad, que al fin y al cabo no saben más que tú y están pasando por los mismos problemas y tentaciones. También debes pensar seriamente en quiénes te están influenciando y qué cosas te están incitando a hacer. Si tus «amigos» te están llevando hacia las drogas, tendrás que reconsiderar si en realidad lo son... Un amigo es alguien que quiere lo mejor para ti, y las drogas nunca pueden ser lo mejor. Quizás ellos hayan caído en un

EL TIEMPO OCIOSO NUNCA ES UN BUEN CONSEJERO. INVOLÚCRATE EN ACTIVIDADES POSITIVAS, TALES COMO DEPORTES, MÚSICA, RETIROS Y CAMPAMENTOS CRISTIANOS, MISIONES Y VIAJES PARA AYUDAR A GENTE MÁS NECESITADA.

error. ¡Tienes que salvarlos! Incluso si al principio se burlan de ti. Si son verdaderos amigos, te escucharán. Si no, siéntete tranquilo de decidir evitarlos de aquí en adelante. No vale la pena arriesgar tu presente y tu futuro por personas que se burlan cuando estás hablando en serio, y a las que no sabes cuánto tiempo más vas a ver. Ya encontrarás verdaderos amigos en el futuro.

¿Quieres otro consejo? Usa bien tu tiempo. Para evitar que las ofertas se te presenten, planifica tu tiempo libre. Decide lo que harás de antemano. El tiempo ocioso nunca es un buen consejero.

Involúcrate en actividades positivas, tales como deportes, música, retiros y campamentos cristianos, misiones y viajes para ayudar a gente más necesitada.

No esperes a que la droga golpee a tu puerta o a la de tus seres queridos. Hazte de más ejemplares de este libro y regálaselos a tus amigos. Cúbrete antes de que llegue la tormenta. Y en cuanto alguien te ofrezca drogas o te cuente que las está usando, busca ayuda.

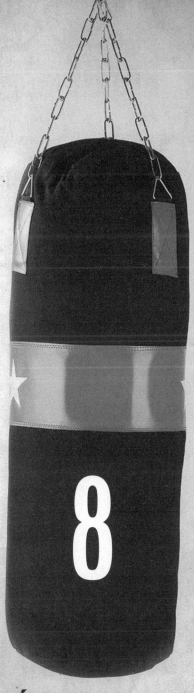

VÍAS DE ESCAPE

La adicción es un deseo que se vuelve casi imposible de controlar. Impide disfrutar cualquier otra cosa de la vida porque los adictos llegan a poner la droga por encima de todo, y la necesidad de consumirla se vuelve cada vez mayor. La adicción es una enfermedad que toma control sobre la voluntad de la persona. Por eso es que escapar se hace difícil, y para muchos es casi imposible.

Para ayudar a los toxicómanos a salir de su esclavitud existen diversos tratamientos. Según el tipo de droga, la edad y las características individuales de cada persona, hay tratamientos con mayor índice de efectividad que otros. Pero todos los tratamientos suelen ser dolorosos, tanto física como

> **LA ADICCIÓN ES UNA ENFERMEDAD QUE TOMA CONTROL SOBRE LA VOLUNTAD DE LA PERSONA. POR ESO ES QUE ESCAPAR SE HACE DIFÍCIL, Y PARA MUCHOS ES CASI IMPOSIBLE.**

psíquicamente. Aquí te contamos cómo son algunos de ellos para que los conozcas mejor...

Centros permanentes de rehabilitación

Los más conocidos son los centros de rehabilitación tipo granjas, parques o clínicas. En algunos de ellos el énfasis está puesto en la medicina; en otros, en la psicología; y en otros, en la ayuda espiritual. Lo cierto es que los individuos afectados por una adicción a las drogas necesitan una combinación de varios elementos diferentes, y los centros más efectivos son los que combinan recursos de distintos campos.

En estos centros prácticamente se «encierra» a la persona adicta. La estrategia inicial es alejarla de su contexto habitual y cortar los malos estímulos que otras personas tienen sobre ella (como una especie de «desintoxicación social»).

Una vez aislada la persona, el siguiente paso es controlarle el acceso a las drogas. Algunos pacientes de estos centros están ya tan sumidos en las drogas que sus cuerpos reclaman las sustancias incluso para poder funcionar con normalidad. ¡En estos casos, tratar de retirar la droga sin vigilancia médica puede ser peligroso! Lo que se hace en estas situaciones es ir bajando el suministro poco a poco. En muchos lugares, estas reducciones se acompañan con un plan de medicamentos alternativos para ayudar a la persona a sobrellevar los síntomas de retirada que va experimentando. En casos menos extremos, el control es simplemente vigilarlos las veinticuatro horas del día mientras están allí para que no consuman.

El problema básico que presentan estos centros de rehabilitación es lo que sucede cuando las personas vuelven a sus contextos naturales, ya sea sus familias, amigos, barrios, trabajos o escuelas. Ahí todo vuelve a depender de la persona, y en muchos casos, con el transcurso del tiempo, las cosas vuelven a ser como antes... La liberación y el proceso de rehabilitación suelen ser un camino muy largo, y por lo tanto es necesario un seguimiento a largo plazo para garantizar los resultados positivos.

Centros de día
Algunos centros son ambulatorios, es decir que los

afectados pueden entrar y salir mientras hacen su vida normal. Ciertas clínicas, hospitales, sanatorios o institutos especializados tienen programas específicos para ayudar a los adictos a liberarse de su problema. Estas instituciones suelen resultar más efectivas para casos leves de drogadicción, o cuando el paciente es un adulto.

El camino de salida

En uno y otro caso, lo primero es que la persona reconozca que sola no puede liberarse. Es imposible ayudar a alguien que se niega a ser ayudado y que no acepta que tiene un problema. Lo segundo es que la persona afectada tenga un deseo firme de ser liberada, así como disposición para trabajar. A los autores de este libro varias veces se nos han acercado padres con lágrimas en los ojos, suplicando que habláramos con sus hijos. Lo hicimos una y otra vez, pero en varias ocasiones nos topamos con muchachos que no tenían ningún interés en salirse del problema... Incluso hablamos con varios que nos aseguraban que no eran adictos, pese a que (por lo hablado con sus padres y porque se les notaba claramente) llevaban años consumiendo droga, poniendo continuamente sus vidas en peligro y arriesgando su futuro. Incluso muchos de ellos ya estaban involucrados en el tráfico y la comercialización. ¡En todas estas ocasiones nos resultó increíble la ceguera de los jóvenes! Parecían presos que ridículamente gritaban que eran libres. Y es que lamentablemente así es esta enfermedad...

Volviendo a cómo se sale del problema, después del reconocimiento y la disposición al trabajo, lo más importante es que el contexto, sobre todo la familia, esté dispuesto a ayudar con amor.

Si la persona ya reconoce su situación y está arrepentida, no hace falta seguir acusándola y resaltando lo que está mal. Evidentemente ya se dio cuenta de ello. Por eso, es vital que la persona reciba los estímulos adecuados por parte de sus seres queridos. (Trataremos esto en el próximo capítulo.)

Por otra parte, nos ha tocado ver también casos de jóvenes que aun luego de haberse liberado vivían bajo la sospecha y condenación constantes de sus familiares. Ellos razonan: «Antes me drogaba y me trataban mal por eso. Ahora no lo hago, pero me siguen tratando igual. Es como si les diera lo mismo». Esto no debería ser así, pues quien ha estado o está luchando necesita mucha afirmación en sus buenas decisiones, así como estímulo, para seguir adelante.

Ten presente que escapar de la droga es una misión casi imposible. Y en todos los casos va a ser un proceso doloroso. Por eso, si conoces a alguien que ya está afectado, no hay tiempo que perder. La solución empieza cuando alguien decide hacer algo al respecto. (Y en el próximo capítulo vamos a contarte cuál es la mejor estrategia de todas.)

Por otra parte, en el campo de las «drogas» existe algo que nos estanca mentalmente a la hora de buscar soluciones. Llamémosle el «síndrome de la inminencia» (inminencia = inmediatez de un suceso) que creemos real, pero que no lo es. Resulta raro encontrar a alguien que entre en una adicción a las drogas de inmediato, o que salga de su adicción de manera instantánea. Por ende, esperar una recuperación inmediata no conduce a nada. Con un abordaje así nos alejamos de posibles soluciones. Por el contrario, escuchar y comprender al que vive batallando con las drogas es una de las movidas correctas.

Además, el usuario de polisustancias (muchas drogas a la vez) que intenta desapegarse de la droga inmediatamente, raras veces obtiene buen resultado, y se frustra. Y de igual forma sucede con la familia...

Unos padres que deseen ver el cambio «para hoy» serán víctimas de sus propias ideas. Esto sucede hasta con los facilitadores del tratamiento. A veces, elaboramos sobreexpectativas y no permitimos que los procesos se desarrollen con la autenticidad que deben darse en la persona. Insistimos en que el cambio se dé

POR EL CONTRARIO, ESCUCHAR Y COMPRENDER AL QUE VIVE BATALLANDO CON LAS DROGAS ES UNA DE LAS MOVIDAS CORRECTAS.

«a nuestra manera» y no «a la manera de la persona involucrada». El ser humano que vive sumergido en la adicción merece vivir su proceso con dignidad. Y recordemos que todas las personas diariamente vivimos procesos. Caer en el síndrome de la inminencia en un tema como las adicciones, es como pensar que a nadie le afecta el estado anímico el escuchar la alarma del despertador temprano en la mañana (¡aunque hay algunas personas a las que no les afecta!). A ver, vamos a explicarlo mejor... Imaginemos que la alarma fuese una droga. Levantarse con una adicción a las drogas diariamente, es como si tuvieras que escuchar sonidos de alarmas todo el día, y sin poder salir de la cama, permaneciendo allí sin descubrir el motivo por el cual pusiste a sonar tu alarma.

Lo único que conoces es tu alarma. Aprendes a convivir con ella. Hasta que un maravilloso día, poco a poco, estableces nuevos intereses y substituyes los sonidos de la alarma por nuevos objetivos de vida. De repente, otro día decides salir de la cama, olvidarte de tu alarma e ir tras los objetivos previamente establecidos. El tiempo y las alarmas varían para cada persona en particular. Tú, que con inmediatez respondes y sales a realizar tus objetivos diarios al sonar la alarma de tu despertador, ten comprensión. Ten compasión. Poco a poco, algún maravilloso día, descubrirás que hay gente que para realizar sus objetivos diarios, no necesita de una alarma y no te juzga.

Ahora imaginemos que la alarma fuese una droga...
¿Qué sugerencias podríamos darle a un joven que está buscando un nuevo bienestar y desea dejar la dependencia de esa «alarma»?

- Conócete. Intenta realizar las cosas buenas que descubras dentro de ti.
- Conoce los factores de riesgo que te rodean.
- Ve a buscar ayuda profesional y acompañamiento familiar.
- Cambia de lugar y de amistades, eso puede ayudar, pero no necesariamente resuelve el problema.
- Comunica en confianza la decisión que has tomado de vivir nuevas aventuras sin drogas.

Y recuerda...

- En la lucha por salir de las drogas los pasos se dan poco a poco y día a día. La prisa no conduce a ningún lado.

- Está comprobado que pueden darse ciclos de recaídas en la recuperación, pero esto no significa que no se esté avanzando.

- La recuperación es posible. Tal como mencionamos anteriormente, un día estás de fiesta, y al otro quedas expuesto al escenario de las drogas. Pero de igual modo la fórmula puede darse a la inversa... Un día estás sufriendo alguna dificultad con las drogas, y al otro estás retomando con nuevos bríos el camino de tus sueños.

UNA NECESIDAD GRANDE, UNA RESPUESTA SIN LÍMITES

Terminamos donde habíamos empezado: ¿Por qué cae alguien en la droga? Porque tiene una necesidad interior no resuelta. Esa necesidad en su forma más depurada se llama «amor y realización». No se trata de algo que se manifiesta en una ocasión determinada, sino que es una necesidad constante de todo ser humano, como el combustible para el automóvil. Un poco de amor y realización no son suficientes. Siempre queremos más. ¿Cómo resolver esta necesidad? La mejor respuesta la tiene el fabricante.

Dios nos hizo a su imagen y semejanza. Y contrariamente a lo que muchos (que no lo conocen) piensan, Dios es amor. Así lo dice la Biblia en 1 Juan 4.16. Él nos hizo por amor, y el amor se convirtió en el combustible de nuestra creación. Lo necesitamos para vivir, y por eso lo buscamos constantemente en distintas fuentes. Algunos lo buscan en personas, otros en logros, otros en cosas. Pero todos los seres humanos compartimos la necesidad de sentirnos aceptados, reconocidos y apreciados. Por algo todas las civilizaciones de la humanidad lo han buscado.

Piénsalo por un momento. El eje del planeta Tierra tiene una inclinación de veintitrés grados. ¡Ese simple detalle produce los inviernos con nieve, las primaveras con flores, los veranos con sol brillante y los otoños con vientos! Hay quien piensa que la creación es producto de una explosión. Sin embargo, es imposible no reconocer que el orden y la belleza del universo no pueden venir solamente de una explosión. No se puede apreciar la infinidad de detalles que hay en cualquier ser vivo y no sospechar siquiera la existencia de Dios. Para todo esto hizo falta un artista, indudablemente.

Dios es un soñador. Y por eso nosotros, los seres humanos, tenemos la necesidad de sentirnos realizados, de correr y llegar... De soñar y ver cumplidos nuestros sueños.

El problema es que sin Dios resulta imposible saciar estas necesidades. Hay gente que lo intenta con dinero, con posesiones, con fama o relaciones nuevas, y otros, lamentablemente, con drogas. Para cubrir su vacío interior muchas personas recurren a trampas, como el consumo de sustancias, que producen una sensación de satisfacción pasajera (y a veces ni siquiera eso). ¡Dios tiene mucho más para ti! Dios te ama con un amor eterno. Te ama tanto que Jesús se hizo hombre, nació en un pobre pesebre entre animales, sufrió hambre, dolor y traición... todo por ti. Y no solo eso, sino que murió en una cruz: el equivalente a la silla eléctrica más siniestra y vergonzosa que existía hace dos mil años. Y lo hizo por ti. ¡Un Dios así puede saciar la necesidad de amor de toda la humanidad!

> **DIOS NOS HIZO POR AMOR, Y EL AMOR SE CONVIRTIÓ EN EL COMBUSTIBLE DE NUESTRA CREACIÓN. LO NECESITAMOS PARA VIVIR, Y POR ESO LO BUSCAMOS CONSTANTEMENTE EN DISTINTAS FUENTES.**

Piensa en la historia del niño que estaba jugando en la arena, y con todas sus fuerzas trataba de sacar una piedra que había encontrado en medio de un pozo que estaba haciendo. Había intentado todo, pero era demasiado pequeño para una roca tan grande. La frustración lo estaba haciendo explotar en lágrimas, cuando de repente una sombra grande lo ocultó del sol. Era su papá, que había estado observándolo todo. Con firmeza y dulzura le preguntó: «Hijito, ¿por qué no usaste toda la fuerza que tenías?». Llorando y confundido, el niño le respondió: «Pero papi, sí lo hice. Usé toda la fuerza que tenía». «No hijo», le corrigió el padre. «No usaste toda la fuerza que tenías, porque no me lo pediste a mí...».

Si las drogas son tu batalla...

Si estás luchando con una adicción a las drogas, queremos preguntarte: ¿estás usando la fuerza de Dios? La puedes poner de tu lado si tienes una relación personal con Jesús, si reconoces lo que hizo por ti y le das en tu vida el mismo lugar que tiene en el Universo. El de Dios.

Todos tenemos necesidades grandes, pero Dios no tiene límites. Nosotros no conocemos tus problemas personales, ni la historia de tu familia, ni las circunstancias por las que has pasado. Pero Dios sí. Si no tienes esta relación con Dios y deseas experimentarla, puedes empezar ahora mismo. Es muy simple. Haz esta oración:

> «Querido Jesús: Necesito tu ayuda. Reconozco que no tengo una relación personal contigo. Estoy luchando a solas esta batalla y la estoy perdiendo. Necesito de tu fuerza para salir de mi problema. Gracias por amarme a pesar de todo. Hoy quiero darte el lugar de Dios en mi vida. Quiero que seas la única fuente de amor y realización en mi vida porque ahora me doy cuenta de que tú eres la verdadera fuente. Amén».

El paso siguiente es que busques la ayuda de algún representante físico de Jesús en la Tierra hoy. Los vas a encontrar en la iglesia. Puede ser un hombre o

una mujer. Un adulto o un joven cristiano. Cuéntale tu problema. La iglesia te puede ayudar mucho más que cualquier centro de rehabilitación que no cuenta con los recursos y la fuerza de Dios. Te puede orientar para encontrar alguna organización cristiana que te ayude a reponerte y a ser libre, pero sobre todo, va a orar por ti, y a acompañarte con amor hacia el triunfo.

Si las drogas son la batalla de un ser querido...

Si estás leyendo este libro porque quieres ayudar a alguien, también te invito a que cuentes con la fuerza de Dios y pongas tu esperanza en él.

Empieza a orar para que Dios te dé creatividad para saber cómo ayudar a ese ser querido.

Después de haber orado, dialoga con firmeza con la persona que padece el problema, teniendo en cuenta los siguientes consejos:

- Como ya dijimos, no sermonees a la persona con cosas que ya sabe.
- Muéstrale tu amor incondicional y demuéstrale que tu interés primordial está puesto en ella y no en ti. (Algunos buscan que otros dejen de drogarse por sus propias necesidades, ya sea por el qué dirán o por cualquier otro problema que les cause la enfermedad de esa persona. Escucha lo que tenga que decirte, y ponte en su lugar. Ten empatía.
- En el momento oportuno, háblale de su propia «responsabilidad» frente al problema. Es muy común que quienes se drogan le echen la culpa a otras personas o a la sociedad.
- Invierte en esa persona (decídete a dedicar un tiempo determinado a cuidarla y ayudarla).

- Preséntale a Cristo como Salvador y Señor (aunque se trate de alguien que se crio en la iglesia).
- Toma la iniciativa de buscar ayuda profesional. Trata de averiguar sobre centros, clínicas y programas viables para tu ser querido.
- Ten paciencia, ya que muchos de estos procesos son muy largos y agotan a todas las partes involucradas.
- Ora con tu ser querido pidiendo valor, fuerzas, y que el poder del Espíritu Santo se manifieste en él o ella tras haber reconocido a Cristo como su Señor.
- Después de que haya avances, no dejes de pedirle cuentas a la persona acerca de cómo va con su problema. Hazlo muy amorosamente, pero yendo al grano. Podrías plantear preguntas de este tipo: «¿Cómo te esta yendo esta semana?», «¿Has tenido tentaciones últimamente?», o «¿Cuánto hace que no pruebas la droga?». Y no te olvides de ofrecerle afirmación y ánimo en sus progresos. ¡Dale aliento y esperanza en todo momento!

«Así que si el Hijo los libera, serán ustedes verdaderamente libres». —Juan 8.36

«Pues Dios no nos ha dado un espíritu de timidez, sino de poder, de amor y de dominio propio».
—2 Timoteo 1.7

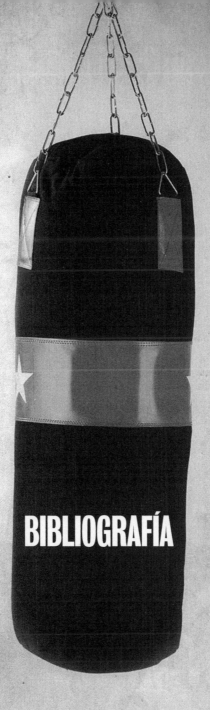

www.espolea.org

www.iniciativacomunitaria.org

Caribbean Basin and Hispanic Addiction Technology Transfer Center. *Reduciendo el estigma mediante el uso del lenguaje*, Universidad Central del Caribe. Bayamón, Puerto Rico, 2006.

Bibliografía

Notas

LA BATALLA DE LAS DROGAS

LUCAS LEYS Y GABI MORALES

_____

_____

_____

_____

_____

_____

_____

_____

_____

_____

_____

_____

_____

_____

_____

_____

_____

_____

_____

_____

_____

_____

Notas

Elvis, Pitágoras y la historia de Dios

JUNIOR ZAPATA

ELVIS, PITÁGORAS Y LA HISTORIA DE DIOS

EL ARTE Y LA CIENCIA
COMO AMIGOS DE LA FE

Editorial Vida

Junior Zapata

Vidas Conectadas

Matías Paterlini

101 preguntas difíciles
101 respuestas directas

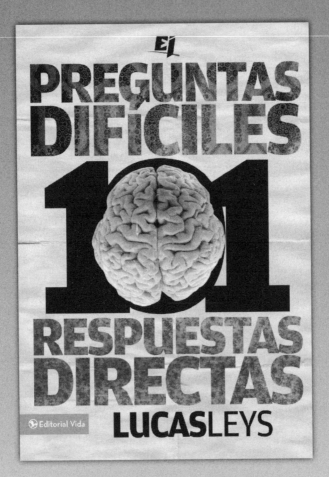

Lucas Leys

Desafía al futuro

Paolo Lacota

Lo que todo pastor debe saber de su Líder de jóvenes

Lucas Leys

Lo que todo líder debe saber de sus jóvenes

Sergio Valerga

Nos agradaría recibir noticias suyas.
Por favor, envíe sus comentarios
sobre este libro a la dirección
que aparece a continuación.
Muchas gracias.

vida@zondervan.com
www.editorialvida.com